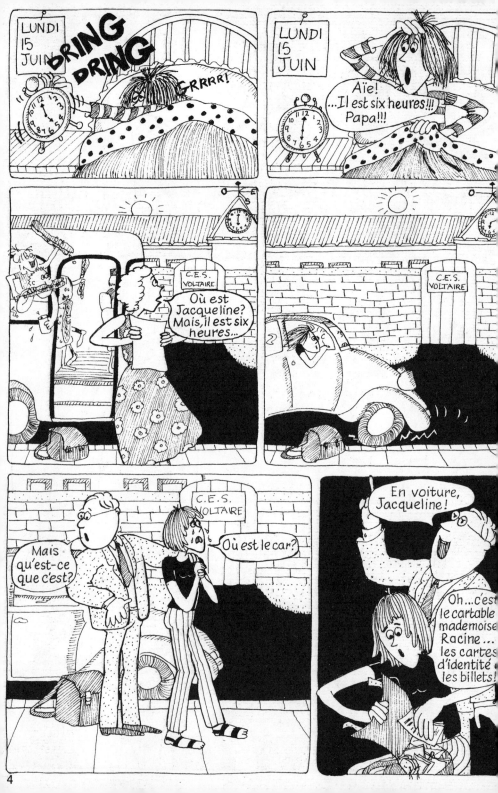

4

2

ACTIVITES BIBLIOBUS

A Ten important words from the story have been replaced by pictures. Can you match these words with the pictures?

huit	professeur	collège	six	car	lundi	déjeuner
	billets	bateau	francs			

Le 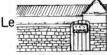 commence à **8** heures. Le

s'appelle mademoiselle Racine.

Le 15 juin, on va à Folkestone.

Ça coûte 100

Mademoiselle Racine apporte les cartes d'identité et les

La classe apporte le : sandwiches, fruits et orangeade.

Le  quitte Boulogne à huit heures.

Le  quitte le collège à **6** heures.

Où est Jacqueline?

B Can you re-arrange these words to make up a sentence Mademoiselle Racine said?

cartes   d'identité   j'apporte

billets

moi   et

les   et   les

PROFESSEUR FADA

Voici Professeur Fada.
Il est très intelligent.
Il travaille dans un laboratoire.

Dans le laboratoire, le professeur invente une
machine. C'est une sorte de bateau-héli-vélo.
Impossible? Non, mais c'est très difficile!

Lundi douze mai: le professeur commence. Il dessine la machine.

12 MAI

13 MAI

Mardi, il achète un vélo pour la machine.

VELOS

OUVERT

MICHELIN

14 MAI

Mercredi, il va au port. Il achète un bateau.

15 MAI

AIR FRANCE   AIR INTER

Jeudi, il cherche un hélicoptère pour la machine.
Vendredi et samedi aussi. C'est impossible.

8

Le professeur est très triste. Dimanche, il regarde le journal.

Mais ... hourra! Voilà!

* APPARTEMENTS *
* VOYAGES *
* VEHICULES *

Hélicoptère d'occasion, 50 000 F.
Musée du Transport, Tél. 13. 18. 12.

Le professeur va au musée. Formidable!

Il achète l'hélicoptère. Il est très content.

Lundi dix-neuf mai: Professeur Fada travaille sur la machine dans le laboratoire.
Il commence à sept heures … et … vendredi à vingt heures, c'est fini!
Le professeur prépare un long voyage.

LUNDI

MARDI

MERCREDI

JEUDI

VENDREDI

Samedi, à dix heures,
il quitte le laboratoire
avec la machine.
Il va au port.

Il casse une bouteille de champagne.

Au revoir, Professeur!
Hourra!   Bravo!

Bon voyage!
Bon voyage? Un voyage sous la mer!?!!

... FIN

ACTIVITES BIBLIOBUS

A Professeur Fada kept a diary of his work on his new invention, but he was a little careless. Can you spot his three mistakes?

LUNDI 12	Je commence ! Je dessine la machine.	LUNDI 19	
MARDI 13	J'achète une voiture.	MARDI 20	A sept heures, je commence.
MERCR. 14	Je vais au port et j'achète un bateau.	MERCR. 21	
JEUDI 15	Je cherche un hélicoptère.	JEUDI 22	
VENDR. 16		VENDR. 23	20h. C'est fini!
SAMEDI 17	Je regarde dans le journal.	SAMEDI 24	9h. Je vais au port. Champagne!
DIM. 18	J'achète l'hélicoptère.	DIM. 25	

B In each of the groups of words, there is one which does not fit. Which one?

1. jeudi
   samedi
   mardi
   mai

2. heures
   sept
   dix-neuf
   vingt

3. hélicoptère
   magnétophone
   bateau
   vélo

4. collège
   musée
   vélo
   laboratoire